b 2990.

DE LA

RÉFORME
ÉLECTORALE.

DE LA
RÉFORME
ÉLECTORALE,

PAR

M. Eugène DE BARRAU, Avocat a Rodez.

RODEZ,
Imprimerie de J. N. Ratery, place du Bourg.

—

NOVEMBRE. — 1839.

DE LA
RÉFORME
ÉLECTORALE,

PAR

M. Eugène DE BARRAU, Avocat a Rodez.

RODEZ,

Imprimerie de J. L. Marion, place du Gravié.

NOVEMBRE. — 1840.

En nous livrant à l'étude de l'importante question qui fait l'objet de ce travail, et en exprimant notre opinion personnelle sur ce sujet, nous sommes loin de vouloir attaquer ceux qui ne la partagent pas ; c'est un examen que nous proposons ; il nous a paru d'un haut intérêt au moment où la presse élabore cette matière, et lorsque tout annonce qu'elle passera du domaine des journaux dans celui de la législation.

C'est un intérêt qui touche tout le monde, et quelque éloigné que l'on soit du théâtre où se décident ces grandes questions, il n'est point de pays ni d'individu qui ne puisse s'en occuper avec quelque utilité.

Dès les premiers jours de la révolution de
Juillet, quelques esprits pénétrans, qui n'a-
vaient pas foi dans l'avenir doré dont on avait
flatté les esprits, prévirent la nécessité d'une
réforme électorale qui, n'excluant personne
des droits politiques, devînt l'expression la plus
sûre de la volonté générale.

Cette idée, émise avec persévérance, ne rencontra partout qu'indifférence ; chaque parti espérait alors prévaloir, s'imposer à son tour et, tout entier à ses préoccupations, paraissait indifférent à tout ce qui ne nourrissait pas ses levains et sa soif de domination.

Pendant tout ce temps, la pensée féconde restait ensevelie dans son germe : neuf années entières se sont écoulées en luttes inutiles, en déceptions amères ; mais enfin, au bout de ce long terme, la lassitude a mieux opéré que n'aurait pu le faire la voix des prophètes, et la question de Réforme, si dédaigneusement mise en oubli, a fini par se faire jour. Déjà elle occupe à un haut degré l'attention du monde politique et, malgré les alternatives que lui réservent sans doute encore les partis qui divisent la France, on peut juger par le chemin qu'elle a fait qu'elle ne saurait manquer d'arriver à son terme.

Cependant la question est grave, elle est digne des préoccupations de tous les amis sincères de leur pays, de tous les esprits généreux qui voudraient voir cesser la lutte funeste des partis et les voir réunis dans un large système qui admettrait tout ce qu'il peut y avoir de légitime dans leurs idées, en repoussant ce qu'ils ont d'exclusif.

Encore neuve, cette question, comme tout

ce qui n'a pas la sanction de l'expérience, ex-
cite des appréhensions : l'on doit se garder de
les condamner ; mais il ne serait pas moins
condamnable de ne point étudier une vue
qui paraît renfermer l'avenir du pays, de rester indifférent et de se livrer au cours des
événemens, sans sollicitude, sans prépara-
tion, avec cette résignation imprévoyante
qu'on reproche au caractère d'un peuple encore bien reculé dans les voies de la civilisa-
tion.

Dans une pareille recherche, le premier soin
à prendre est d'abord d'apprécier les motifs
qui sollicitent une réforme ; c'est une chose
grave que la modification d'une constitution,
et si les vœux qui appellent ce travail n'étaient
point fondés sur des raisons toutes puissantes ;
s'ils n'étaient dictés que par cette malheu-
reuse disposition qui pousse sans cesse les
esprits aux changemens ou sur des calculs de
partis deçus dans leurs espérances, tous les
efforts des hommes de bien devraient tendre
à écarter loin de leur patrie ces dangereuses
innovations.

Mais si en dehors des motifs dont nous
venons de parler, il en est de graves, de puissans, qui n'empruntent rien aux passions
qui agitent l'époque ; s'il en est qui se trouvent
à la fois dans la bouche des amis et des enne-

mis et qui de la sorte présentent un cachet de vérité irréfragable , pourquoi dès lors ne pas les mettre en lumière; pourquoi ne pas prêter l'oreille à ce que dicterait la raison ?

Il est un fait avéré, reconnu de tous : c'est que les partis qui nous divisent se balancent et se paralysent réciproquement , de manière à rendre toute action traînante et difficile; de longues années se sont toutes perdues dans cet état d'échec respectif , et cet état a progressivement empiré tous les ans. Ce sont des majorités de quelques voix qui font et qui défont les ministères , et ces éphémères combinaisons sans force et sans vie , ne peuvent se mouvoir sans compromettre à tout instant leur frêle existence. Quel esprit de suite peut-il y avoir dans un pareil état de choses ; quelles vues peuvent se produire et tourner au bien du pays ? N'a-t-on pas assez à mener des intrigues de majorité, et quelles majorités encore !

Sans vouloir déprimer la représentation nationale, n'est-il pas apparent pour tous que les quelques voix qui font pencher la balance et qui décident les questions les plus hautes , ne sont pas celles qui devraient avoir le plus de poids ? Les hommes de conviction et de conscience restent attachés à leurs sens : ce sont les nullités, les complaisances , ceux qui suivent le vent et n'ont aucun couleur qui tranchent les difficultés ; il suffit de quelques boules de plus ou de moins échappées des mains les moins sûres pour que nos millions volent de toutes parts.

Ces conséquences déplorables de l'impuissance des partis passent de la chambre dans l'administration des départemens. La grande affaire des préfets n'est plus d'administrer le pays, c'est le soin auquel ils peuvent le moins se livrer ; tout par eux doit se faire en vue des élections : avant tout il faut être maître du terrain électoral ; les intérêts des communes , des établissemens publics , de l'agriculture, tout cela est subordonné aux combinaisons électorales. Cette route devrait suivre telle ligne , ce pont devrait être jeté sur tel point : oui, mais un électeur influent a un intérêt contraire ; il faut éviter de l'aliéner. Alors la lutte s'engage et Dieu sait si le bon droit et la justice restent maîtres du terrain !

Dans les hiérarchies inférieures , tout est entravé ; les chefs de service peuvent tout au plus nuire à un de leurs subordonnés ; mais pour ce qui touche à leur avancement , à l'appréciation de leurs services , il n'en saurait être question : ne faut-il pas avant tout s'assurer des voix ? Pourrait-il en être autrement lorsqu'il suffit souvent d'un suffrage de plus pour tout perdre ou tout gagner ? Voilà comment le mal descend du plus haut dégré de l'organisation gouvernementale à son dernier échelon ; comment , au lieu de la marche franche et assurée qui convient à une bonne administration , on ne rencontre partout qu'hésitation , incertitude , fausses voies. Cet état fâcheux est senti par tout le monde , par ceux qui administrent comme par les administrés ; tous en gémissent et en souffrent , sans pouvoir deviner quel sera le terme de ces souffrances.

L'on nous dira sans doute que la funeste division des esprits , source des maux que nous signalons , est la conséquence nécessaire de la forme gouvernementale qui admet une opposition , et que la réforme électorale ne saurait corriger ce vice radical ; il est facile de reconnaître que c'est au levain politique qu'il faut attribuer le mal qui travaille les esprits : plus on abaissera le cens , moins on laissera d'action à ce principe de dissolution. Pour la masse des contribuables , la question matérielle de l'impôt serait la question dominante. Ce n'est ici qu'une première indication sur une objection dont nous marquons la place , et à laquelle nous reviendrons plus loin.

Si du dedans on porte les yeux au dehors, et qu'on veuille considérer les relations exté-

rieures du pays, on y remarque le même défaut d'assiette, la même incertitude. Nous
laisserons ici de côté tout ce qu'on a dit de
l'humilité de nos rapports avec les puissances,
car rien de ce qui serait trop irritant ne doit
trouver place dans cet examen; mais il est matériellement vrai que depuis dix ans le pays est
sur le qui vive avec l'Europe, qu'on s'inspire
mutuellement de la défiance, qu'il n'y a plus,
en un mot, dans nos relations cette confiance,
cette sécurité qui seule pourrait ouvrir la
porte à une réduction sensible dans nos char-
ges. A cet égard, dix années écoulées n'ont
apporté aucun changement, aucune amélio-
ration, aucune espérance; il n'est pas d'esprit,
quelque clairvoyant qu'il soit, qui puisse dire :
à telle époque on pourra prendre une mesure
de désarmement, on pourra ameliorer la situation des contribuables ; les prévisions contraires semblent se présenter plus naturellement, et l'on peut craindre que dix années
de sacrifices qui ont épuisé les ressources fi-
nancières ne nous trouvent mal préparés pour
une crise plus ou moins imminente.

Cependant l'aggravation de l'impôt depuis
1830 est d'autant plus dure à porter, que les
promesses et les espérances avaient été plus
belles; ceux qui nous gouvernent aujourd'hui
avec plus de onze cent millions d'impôts trou-

vaient l'ancien budget de neuf cent millions
écrasant; ils criaient à la prodigalité, aux pro-
fusions de cour; ils s'apitoyaient sur les souffrances du contribuable ; maintenant ils en
sont venus à dire hautement que l'énormité
de l'impôt est la preuve de la prospérité publique. Ceux-là même qui se faisaient les échos
des souffrances du commerce et qui les exa-
geraient alors, président aujourd'hui à sa
triste agonie et sont impuissans pour porter
remède à sa détresse. Tout cela s'est opéré au
sein de la paix : que deviendrait le pays avec
la guerre? Est-il sage de ne pas la prévoir ! Plus
les périodes de paix se sont prolongées, plus
les temps de guerre sont probables : vingt-cinq
ans de paix en Europe, où fermentent tant de
passions, sont d'une grande longévité !

Ce sont là des maux sensibles à tous les
yeux, des maux flagrans, des maux qui appellent du secours et pour lesquels il faut en
chercher sous peine de périr.

Nous n'avons parlé jusques-là que de maux
matériels, et ce n'est point encore la plaie la
plus vive qui mine la société. Si nous passons
à l'état moral de la vie politique, nous senti-
rions bien d'autres désordres.

La première condition de cette vie, c'est la
confiance dans ce qui est : sans elle, tous les

ressorts s'énervent, toutes les passions hostiles s'éveillent et menacent d'envahir ; et ne voyons-nous pas, en effet, que tout, à droite et à gauche du pouvoir, nourrit des espérances d'avenir, et que, seul au milieu de tous, il reste dépouillé de ce gage de sûreté, qui oserait lui promettre une longue durée ? Ne dit-on pas partout que c'est dans l'inquiétude de ce qui pourrait suivre qu'est placée la stabilité de ce qui est ? Est-ce là une ancre bien sûre et bien digne du gouvernement de la France ?

Tous ces maux et bien d'autres encore qu'on pourrait énumérer, ont leur premier principe dans la loi électorale qui nous régit ; c'est elle qui produit ces élémens divers, dont la lutte incessante altère les sources du pouvoir. Si l'on cherche à retremper la chambre dans l'élection, elle revient encore plus divisée, composée d'élémens plus inconciliables, et les longues péripéties de ses luttes recommencent plus stériles que jamais : c'est un cercle vicieux d'où l'on ne saurait sortir par ce moyen. Faut-il s'y agiter éternellement, y épuiser toutes les forces vitales du pays, avec la triste conviction de n'en pouvoir échapper ? Telle est la question qu'on propose à résoudre. Si les maux que nous avons signalés sont vrais ; s'ils sont généralement sentis, ainsi qu'on n'en peut douter, lorsqu'on voit les organes de tous les partis et ceux du gouvernement lui-même les signaler et les déplorer tous les jours ; si les causes qui les produisent sont claires ; si on ne peut les attribuer qu'au régime électoral tel qu'il est constitué, il faudra bien reconnaître la nécessité d'y apporter quelques modifications : nier cette conséquence, serait nier l'évidence, serait fermer les yeux à la lumière.

Avoir constaté le mal, et surtout en avoir reconnu les causes, c'est sans doute un grand pas ; mais se lancer dans la voie de l'inconnu pour en arrêter les progrès, pour en fixer le cours, là commence une œuvre perilleuse, hérissée de mille dangers. Pour éclairer la route, que peut-on faire de mieux que comparer entre eux les divers systèmes qui ont été produits? C'est dans cet examen que nous voulons nous engager.

Une majorité de quelques voix dans la chambre des députés avait, en 1830, opéré une révolution ; immédiatement on comprit la nécessité de modifier la loi d'élection pour fortifier les idées nouvelles ; les tendances libérales s'étaient manifestées pour une extension des droits électoraux, mais la question était restée dans le vague et ne paraissait pas mûre.

Au moment du triomphe, il y eut de l'hésitation ; on n'était pas sûr du résultat d'une extension, et l'on avait besoin de se rassurer contre les conséquences qui en dériveraient ; la question des capacités fut à peine effleurée et l'on s'arrêta à abaisser le cens jusqu'à 200 fr. L'introduction de ce nouvel élément donna d'abord un peu plus de prise à l'action de l'administration ; une majorité un peu plus compacte se dessina dans les colléges et dans la chambre ; mais ce résultat ne fut pas de longue durée : bientôt la confusion des langues s'augmenta et en vint rapidement à ce point , où la marche s'est enrayée de nouveau.

Les cris de Réforme, d'abord rares et qui se perdaient dans le désert , se sont faits entendre avec plus de force et , à mesure que les inconvéniens du système qui nous régit se sont aggravés, les idées se sont prononcées plus fortement : on peut prévoir le temps où l'entraînement sera irrésistible. La presse a préludé et déjà , depuis quelque temps, elle prépare la question. La lutte s'est établie entre les capacités et le vote universel , ou droit commun.

Il est impossible de se défendre d'abord de ce que le premier de ces deux systèmes a de spécieux. Les idées de nombre ou de majorité, mises en regard de la qualité, ne souffrent guère

2

de comparaison; qui ne préférera, en effet, un bon avis à deux méchans conseils? Quel est celui qui, ayant un procès épineux, se croira plus fort de l'avis de deux avocats sans lumières que de la seule consultation d'un jurisconsulte éclairé?

D'ailleurs, la direction du monde, il faut le reconnaître, doit appartenir à la capacité, du même droit qui soumet la matière à l'intelligence; c'est-là une de ces vérités tellement frappantes, tellement incontestées, que déjà l'on peut comprendre que la question ne peut être posée aussi nettement, et qu'il n'est pas question de savoir si l'influence appartiendra au petit nombre de gens capables ou à la majorité des incapables; car de la sorte la solution ne saurait être douteuse, et nulle hésitation ne serait possible.

Mais encore l'élargissement du cens est-il favorable à la capacité? Ne tend-il pas, au contraire, à isoler celle-ci dans un plus vaste milieu, si l'on peut s'exprimer ainsi?

Il suffit de la moindre expérience des listes et de la matière électorale, pour être bien convaincu que l'abaissement du cens à 200 fr. n'a point été favorable à la capacité. Qu'on parcoure les listes, que chacun suppute dans le rayon de ses connaissances le nombre des électeurs initiés aux plus simples notions de la politique et capables des questions pour la solution desquelles ils doivent choisir un mandataire : on restera bien convaincu qu'un tiers à peine est arrivé à des notions rudimentaires sur ce sujet. Ainsi, sur deux cent mille électeurs censitaires, on peut, sans crainte d'être démentis, dire que cinquante mille à peine peuvent donner leur voix en connaissance de cause, et cent cinquante mille déposent leur vote sur la foi d'autrui. L'appel de tous semble au premier abord devoir accroître cet inconvénient.

Ce sont là, il faut en convenir, de puissans argumens en faveur du projet qui tend à l'adjonction des capacités dans les colléges : toutefois, nous le répétons, si la question pouvait se poser en ces termes, si elle était si simple et si claire, est-il possible de croire que l'on en fût encore au point où nous nous trouvons ? Cela ne saurait se comprendre ; cette question est donc complexe, et le plus haut intérêt dans ce qui nous occupe est de fixer ce point de la difficulté.

Quand il s'agit de gérer la chose d'autrui, l'on est saisi de l'idée de la confier au plus capable ; mais s'il est question de gérer sa chose propre, là cesse la loi de capacité, et chacun reste arbitre souverain. Ceci se lie à la loi de la propriété, qui est la base de la société ; s'il s'agit d'une chose commune à plusieurs, chacun dans ses limites y conserve ses droits, et c'est là le lien, la transition qui unit les deux principes qui semblent d'abord se heurter, tandis qu'ils doivent concourir.

Les limites de l'omnipotence de la capacité s'arrêtent devant le respect dû à la propriété : car sans cela, il faudrait mettre en interdit et sous l'administration du plus petit nombre les biens de l'immense majorité ; c'est en forçant de la sorte les conséquences qu'on est arrivé au St-Simonisme et qu'on allait jusqu'à renverser les bases de l'édifice social qui repose tout entier sur ce principe. Maintenant il est facile de voir comment le droit électoral se lie à celui de propriété. Le vote de l'impôt n'est-il pas le sacrifice d'une partie de la propriété, et le vote du contingent des armées n'est-il pas le sacrifice d'une partie de la liberté du citoyen ? C'est même là le principal exercice du droit électoral; c'est dans le vote de l'impôt en hommes et en argent que se trouve la vérité du système représentatif, et si c'est là une part précieuse de la propriété de chaque individu, quel droit la capacité prétend-elle s'arroger sur elle ? On le voit clairement, le droit électoral ne saurait être un droit exclusivement dévolu à la capacité ; c'est un droit de la même nature que celui de propriété , et sans vouloir contester l'influence qui appartient nécessairement à l'intelligence , il faut reconnaître qu'elle doit être exercée sans préjudice des droits de tous.

Lorsque l'on proclame que le monde doit appartenir à la capacité , on dit une chose vraie cependant ; mais c'est dans le domaine de l'intelligence , dans la sphère du monde moral et sans atteinte aux droits acquis ; et certes ce rôle qui lui est réservé est encore assez beau. Aussi sans rompre l'ordre sur lequel la société repose , l'intelligence saura se faire toujours une assez belle place et arriver au dégré d'influence qui lui appartient.

Ce qui fait la difficulté de ce sujet, c'est qu'en refusant d'admettre la capacité comme condition unique des droits électoraux, on paraît se faire le champion de l'incapacité, ce qui d'abord discréditerait le système et le ferait tomber dans le dernier ridicule ; mais nous croyons avoir suffisamment fait comprendre que ce n'est pas le vrai point de vue de la question ; ce n'est pas une lutte de l'ignorance contre le savoir : c'est la séparation de deux principes également vrais , également indépendans.

Ces idées ne sont qu'une discussion du principe abstrait ; mais si l'on suivait le projet des capacités dans l'exécution, on y trouverait de bien grandes difficultés : c'est que la vérité seule peut recevoir une application facile, tandis que l'erreur se heurte à tout instant contre des obstacles ; c'est alors que les théories reçoivent d'éclatans démentis.

Vous voulez composer des assemblées électorales de ce que le pays renferme d'intelligent et d'éclairé ? c'est là un projet qui flatte l'imagination ; mais quel sera votre jury d'admission ? Il faudra sans doute admettre tout ce qui a reçu le baptême de l'une des quatre facultés ; car on ne comprendrait pas la préférence donnée aux unes sur les autres, et déjà le projet de la commission présidée par M. Odilon-Barrot à montré, par ses exclusions, que son travail était fait dans un intérêt de parti et nullement sur les larges bases de la vérité et de la bonne foi.

Mais en déhors de ces catégories, ne craindrez-vous pas de laisser nombre d'hommes d'élite, gens pratiques, dont le concours serait d'autant plus utile que c'est par la seule force de leur tête et sans le secours emprunté de l'étude qu'il se sont élevés au-dessus du vulgaire ?

Et d'autre part, n'aurez-vous pas par le baccalauréat ouvert la porte à une majorité de gens peu aptes aux affaires publiques ? S'il s'agissait en effet d'une question de droit, ce serait assez des avocats pour la résoudre ; les médecins et les théologiens seraient de trop dans l'assemblée : s'il s'agissait d'une question de médecine, ce serait assez des médecins ; les avocats ni les chimistes n'auraient qu'y faire. La science a ses spécialités ; n'en serait-il pas de même de la politique? Et pour être docteur en théologie ou ès-sciences, est-on pour cela un homme d'état? On ne l'est pas davantage sans doute pour être inscrit au rôle des contributions; mais ici c'est la reconnaissance d'un droit de propriété et non un choix arbitraire ; nous disons arbitraire, parce que vos règles d'admission ne garantissent pas la spécialité.

On a si bien senti que la base d'un bon système électoral ne pouvait reposer exclusivement sur ce qu'on appelle les capacités, que ceux-là même qui repoussent l'élection à plusieurs degrés comme contre-révolutionnaire, n'ont pu se défendre d'une certaine concession à ce système. Après avoir épuisé toutes les catégories de la science et des lettres, ils ont voulu appeler en participation quelques élus du peuple, et les officiers de la garde nationale, qu'un premier degré d'élection a mis en dehors, ont trouvé grâce devant eux. Il est assez étrange que ce choix soit fait à l'exclusion des conseillers municipaux, et l'on ne voit pas la raison de cette préférence ; cependant quand il s'agit d'une loi fondamentale, d'une loi de réforme sur laquelle on fait reposer l'espoir de l'avenir, toutes les dispositions devraient en être rationnelles. Les conseillers municipaux paraissent choisis dans un but plus rapproché des fonctions électorales que ne le sont les officiers de la garde nationale : ceux-ci, en effet, sont généralement pris parmi les jeunes gens, à raison des habitudes qui répondent le mieux à la partie militaire de la garde nationale , tandis que les conseillers municipaux représentent plus exactement les besoins analogues à ceux de la représentation nationale. D'où vient donc, nous le répétons, l'exclusion de ceux-ci et l'admission de ceux-là ?

Mais encore si l'on croit ne pouvoir se dispenser de mêler aux capacités et aux censitaires une partie d'électeurs au second degré, que devient l'objection prise de l'inégalité des droits, et que devient celle de l'énervement du corps électoral qui doit être la suite de l'introduction des deux degrés? De votre propre aveu, car ce sont là vos objections, vous introduisez ces deux inconvéniens pour une partie , dans l'élément électoral. Quel est donc le motif qui

vous sollicite à cela? C'est que vous reconnais-
sez que la représentation n'est pas suffisante,
si on la restreint aux censitaires et aux capacités;
c'est donc pour arriver à quelque chose de plus
complet, de plus rationnel. S'il en est ainsi,
il est quelque chose de plus complet encore,
c'est d'admettre tous les intéressés : sans cela
ce n'est qu'une demi-satisfaction que vous ac-
cordez; c'est un juste milieu entre ce qui est
et ce qui devrait être, mais il n'en résulte pas
moins la négation d'un droit.

Et ce juste milieu ressemble assez à ce qui
arriverait si, appliquant ce système au calcul
et se trouvant dans l'alternative de se pronon-
cer entre deux propositions dont l'une énon-
cerait que cinq et cinq font dix, tandis que
l'autre prétendrait que le résultat est huit; si,
disons-nous, quelqu'un prétendait trancher la
difficulté en disant cinq et cinq font neuf.

On le voit, tout concourt à démontrer que
l'application du système des capacités est in-
suffisant. Néanmoins un système qui tendrait
à perdre ou à compromettre la juste part d'influence que l'intelligence doit exercer sur le
nombre, serait un système faux et vicieux.
L'abaissement du cens à 200 fr. paraît avoir
produit ce résultat en isolant, comme nous
l'avons dit, les capacités dans une plus grande
foule.

S'il en est ainsi, une objection grave se pré-
sente naturellement contre un plus grand élargissement et, à plus forte raison, contre
l'appel de l'universalité des citoyens.

Cette objection resterait dans toute sa force
dans le système à un seul degré ; mais il en est
de l'intelligence comme de toutes choses : elle
a ses divers degrés ; ce monde n'est point com-
posé d'unités de même valeur ; l'essentiel est
de les bien ordonner et de les poser en leur
place. Prendre un électeur à 200 fr. sachant
à peine lire et écrire pour le classer parmi les
sommités intellectuelles du royaume, c'est
une déplorable interversion, qui compromet
à la fois l'homme et la chose ; mais si vous ap-
pellez ce même homme dans sa commune
pour concourir avec ses pairs, en même temps
que vous reconnaîtrez par là un droit qui lui
est propre et dont on ne pourrait priver aucun
contribuable sans injustice, vous donnerez à
la capacité l'essor nécessaire pour concilier son
influence dès les premiers pas avec le droit
commun.

Un des inconvéniens signalés du système actuel, c'est l'occupation des colléges électoraux
par l'intérêt local, par l'esprit de coterie ;
c'est une sorte d'inféodation à certaines influences personnelles : de là l'absence de vues

générales et du sentiment national; ce sont là, dit-on ; les conséquences inévitables du fractionnement des colléges électoraux.

Il faut s'empresser de le reconnaître, c'est bien là un mal réel, un mal auquel il importe de porter remède ; mais comment pourrait-il en être autrement avec le système du monopole ? Les électeurs censitaires forment une classe peu nombreuse, c'est deux cent mille privilégiés sur six ou sept millions de contribuables ; leur position est donc exceptionnelle. Puisant leur droit, non dans un premier degré d'élection, mais dans le chiffre de leur impôt, ils ne doivent rien au grand nombre exclu par la loi, et dès lors ils peuvent s'isoler des masses ; d'autre part, les députés tenant leur mandat de quelques voix qu'ils ont pu compter, il s'établit entre eux et leurs commettans des relations qu'on pourrait appeler *de famille*, et qui absorbent tout leur intérêt et toute leur sollicitude. C'est ainsi que l'individualisme se substitue à l'œuvre nationale et aux intérêts généraux.

D'ailleurs, tout se concentre de la sorte dans une classe intermédiaire également exclusive de la foule qu'elle dédaigne et des grandes existences qu'elle jalouse. Comment un rôle isolé de la sorte pourrait-il satisfaire aux grands besoins de nationalité ? Si la Pologne eût exclu le peuple d'une part et sa noblesse de l'autre , pense-t-on qu'elle aurait pu soutenir son héroïque lutte ?

Le moyen que l'on veut opposer à ce mal est-il bien propre à le prévenir ? croit-on que la réunion de tous les électeurs faite au chef-lieu en un seul collége départemental peut y porter remède ?

On se plaint avec raison du peu d'empressement que mettent les électeurs à se rendre dans les colléges d'arrondissement ; ce qui fait obstacle à l'accomplissement de ce devoir , c'est en grande partie les difficultés matérielles , les distances , la perte du temps ; et vous proposez de doubler ces obstacles? cela ne saurait se comprendre.

Voyons-nous , d'ailleurs, que dans les chefs-lieux de département on comprenne mieux les intérêts généraux que dans les arrondissemens? Remarque-t-on un meilleur choix dans les députés de cette origine ? On spéculerait de la sorte sur l'éloignement et la distance pour assurer une prééminence au chef-lieu de département , mais ce serait aux dépens de l'exercice des droits du plus grand nombre , ce serait un mensonge de plus.

L'esprit de coterie domine les élections : il importe de l'en bannir ; mais c'est franchement qu'il faut arriver à ce résultat. Les divers degrés d'élection y conduiraient tout naturellement et sans efforts, parce que l'élément de la capacité, dégagé de l'entrave du cens, agirait plus puissamment et que c'est à la capacité qu'il faut demander le progrès et les idées nationales.

L'on oppose que l'élection à deux degrés est réclamée par les contre-révolutionnaires parce qu'elle éteindrait dans le corps social l'agitation politique, et que cette agitation est nécessaire à la vie sociale.

Si l'on veut signifier par là que tous les intérêts doivent être représentés et garantis dans un gouvernement, nous reconnaîtrons cette vérité ; mais nous dirons aussi que cette agitation politique est plus convenablement placée dans les sommités que dans les conditions inférieures ; que les agitations de la rue sont très-peu nécessaires à la vie sociale ; aussi nous n'aurons pas à nous défendre de cette intention : c'est un hommage rendu au système de plusieurs degrés que de le signaler comme devant calmer les agitations politiques.

Il en est qui, pressés par ce besoin de réforme

qui se fait généralement sentir et poussant leurs
investigations sur tous les points, ont cru
qu'une extension dans le nombre des représentans ou députés pourrait produire un résultat aussi favorable que l'appel général des
contribuables.

Dans quel but proposerait-on cette modification? Ce ne saurait être que pour répondre
aux inconvéniens reconnus du système actuel,
dans lequel les majorités et les minorités se
suivent de si près, qu'il devient nécessaire d'in-
troduire de nouveaux élémens pour dégager
le pouvoir de ses entraves et assurer sa marche,
ou bien pour diminuer l'action du gouvernement sur les représentans et les affranchir de
toute influence.

Qu'on double si l'on veut le nombre actuel
des députés et que l'on donne ce nouveau travail aux mêmes électeurs, qu'elle est la position nouvelle qui en pourra résulter? Ce n'est
pas certainement à défaut d'un nombre double
de candidats que chaque nuance d'opinion,
dans les colléges électoraux, sera forcée de se
mêler et de se confondre avec une autre ; chaque parti ne saurait manquer de trouver dans
ses rangs deux représentans au lieu d'un seul ;
cela pourrait bien satisfaire quelques ambitions de plus et en éveiller encore un bien plus

grand nombre ; mais on ne voit pas qu'il pût résulter de cette modification la moindre fusion. Il est plus naturel de penser que la chambre en nombre double présenterait une image de confusion plus grande encore, qu'elle se grouperait en bancs plus divisés, en nuances plus variées, qu'elle subirait un plus grand nombre d'influences particulières, et qu'on s'éloignerait ainsi du but qu'on se propose.

En second lieu, il est à remarquer que l'extension du nombre des députés ne saurait se faire que dans de certaines limites, et que si l'on voulait chercher un gage d'indépendance pour eux dans l'impossibilité matérielle où l'on mettrait le gouvernement d'étendre ses faveurs jusqu'à la majorité, en raison du grand nombre, on serait trompé dans ses calculs ; le nombre actuel des députés est de quatre cent cinquante-quatre : l'assemblée la plus nombreuse de notre histoire parlementaire, la Convention, comptait douze cents membres ; qu'on double encore ce nombre, si l'on veut, et l'on aura excédé les bornes du possible ; car quelle ne serait pas la lenteur et la difficulté des délibérations d'un corps aussi nombreux, et cependant l'on ne sera pas à couvert de l'inconvénient auquel on voudrait obvier par c moyen ; le corps électoral lui-même, tel qu'il est actuellement constitué et comptant deux cent mille individus, n'est point à l'abri de ces influences.

Ce n'est donc point dans la modification du nombre des députés que se trouve la vérité de la Réforme ; ce mode serait également impuissant et contre la division et le morcellement des opinions, et contre les séductions du pouvoir. Contre la division, le plus sûr moyen est d'écarter la classe électorale du foyer des passions politiques, et d'obtenir l'expression de la volonté générale, qui doit être nécessairement assez forte pour se faire respecter ; contre les amorces du pouvoir, le plus sûr garant est la dignité des choix, la position et l'indépendance du caractère des élus, et ces conditions sont en raison inverse du nombre des élus. La restriction du nombre des députés dans des limites trop étroites aurait aussi des inconvéniens et serait contraire aux intérêts de localité ; sous ce point de vue, il est aussi des bornes à garder.

Une question du plus haut intérêt, et qui cependant a trouvé jusqu'ici peu de place dans les discussions de la presse, est celle du vote public ou secret.

Dans quel intérêt a-t-on introduit dans nos mœurs parlementaires le scrutin secret ? Cette condition paraît entièrement opposée au mouvement général des esprits et aux tendances de l'époque ; la publicité est le principe du système représentatif ; pourquoi donc lui donner un démenti dès le premier pas des opérations électorales ? Telle est la première considération qui s'offre à la pensée.

A qui profite le secret ? A ceux qui n'ont pas le courage de leurs opinions ; il profite à l'intrigue , qui détourne les hommes de ce qu'ils feraient la tête haute, s'ils n'avaient à obéir qu'à l'impulsion de leur conscience ; il profite à la duplicité, aux fausses promesses, aux dissimulations , et dans tout cela rien pour les sentimens généreux , rien pour la loyauté, rien pour le caractère français.

Le motif de la loi a pu dès l'origine paraître généreux ; l'on a pu dire que le secret était le gage d'une indépendance entière vis-à-vis du gouvernement ; mais l'on sait très-bien aujourd'hui que ce moyen ne couvre personne ; ceux qui dépendent de l'administration sont soumis à des signes de reconnaissance certains, et ainsi le seul avantage possible du secret, le seul objet dans lequel on ait pu le sanctionner, se trouve éventé ; les inconvéniens seuls restent , et de là ces mœurs politiques sans courage, ces fluctuations perpétuelles entre les diverses opinions, ces hommes sans couleur ou plutôt de toutes les couleurs, suivant les circonstances.

Chez d'anciens peuples, il était des lois qui portaient des peines sévères contre ceux qui, dans les discordes civiles, ne se prononçaient pour aucun parti; chez nous, la législation est disposée de manière à couvrir d'une sorte de protection ces mêmes hommes et à grossir leurs rangs.

L'Angleterre, d'où l'on a exporté la forme constitutionnelle dont nous faisons l'épreuve, nous donne à ce sujet de meilleurs exemples : dans les élections les votes sont publics, et chacun ose s'y montrer avec ses véritables sentimens. Mais qu'est-il besoin d'aller puiser des exemples chez les étrangers, pour le soutien d'une question de loyauté et de franchise? n'est-ce point chez nous qu'on devrait en garder les traditions ?

Si l'on estime assez un candidat pour lui donner avec sa voix un témoignage de confiance, pourquoi le cacher, pourquoi déposer furtivement son nom dans l'urne, et si l'on est placé vis-à-vis du pouvoir dans une condition de foi et hommage, pourquoi s'y soustraire par une sorte de fraude?

Dans l'examen de la réforme, on doit chercher le vrai, sans aucun égard pour certaine tactique électorale. Lorsqu'on a la conscience du bon droit de sa cause, on ne saurait mieux la servir qu'en mettant en lumière ce qui est juste, généreux et élevé : c'est en cela qu'est la plus grande et seule véritable habileté.

La publicité des votes serait donc un chapitre nécessaire du projet de réforme électorale ; cette publicité concourrait puissamment ainsi que la reconnaissance du droit de tous les contribuables, à faire rentrer dans un système de vérité et de justice.

Nous avons vu quels étaient les inconvéniens du cens à 200 fr. En premier lieu, c'est de lui qu'est née la position actuelle, qu'il est devenu nécessaire de changer ; en deuxième lieu, il laisse en dehors et les capacités et la majorité des intéressés ; il confisque au profit d'un petit nombre le patrimoine de tous ; il crée une caste privilégiée, une sorte d'aristocratie bourgeoise qui exploite la petite propriété au profit de son commerce et de son bien-être particulier.

Nous avons vu ce qu'il y avait de peu rationnel et de peu légitime dans le système dit des capacités ; entrons dans l'examen du projet qui admettrait tous les citoyens dans les collèges électoraux : c'est le projet du droit commun.

Nous avons exposé que les droits électoraux participaient de la nature du droit de propriété, puisque l'exercice de ce droit s'applique particulièrement au vote de l'impôt et du contingent des armées ; c'est là un point qui n'a besoin que d'être posé et pour lequel toute discussion serait inutile.

L'état moderne des sociétés exige un sacrifice en argent annuel et proportionnel à la fortune de chaque citoyen ; il exige un sacrifice égal envers la patrie pour le service militaire ; mais il est de principe constant et reconnu que ce double impôt ne peut être prélevé arbitrairement. C'est une part de la propriété qu'on réclame ; or la propriété est inviolable et ce n'est que volontairement que ce prélèvement peut être exercé. Ce principe est si puissant que, sous le gouvernement le plus absolu qui ait régi la France, on avait conservé le simulacre de ce consentement. La tendance des gouvernemens en général est contraire à ce droit de libre octroi : aussi s'est-il souvent modifiée dans un sens restrictif ; on a trouvé plus commode d'avoir à faire à un petit nombre d'élus de son choix qu'à la totalité des contribuables : de là l'invention du monopole électoral. On a dit : nous disposerons de l'argent et des enfans du peuple, mais son appel en cause, sa participation à cette affaire serait trop longue, trop embarrassante ; faisons-le représenter par quelques-uns d'entre eux. Voilà en peu de mots l'histoire du monopole électoral.

Sans doute ceux que l'on a ainsi chargés du rôle de représentans du peuple, sont bien pris dans son sein ; sans doute étant les plus forts imposés, ils ont bien un intérêt commun ; mais ne voit-on pas que cette classe d'électeurs à 200 ou à 300 fr. est celle qui trouve un dédommagement de ses sacrifices dans les mille faveurs que peut distribuer le gouvernement ? et d'ailleurs de quel droit vous arrogez-vous la faculté de disposer des deniers du pauvre ; pourquoi vous ditez-vous son mandataire ? n'est-il pas plus simple de lui en laisser le choix ? Lui qui n'aura pas de faveur à espérer en retour de ses complaisances, fera ce choix uniquement dans son intérêt.

Mais d'ailleurs, c'est une partie de sa propriété, cela en dépend ; par les mêmes lois et les mêmes principes, il ne doit appartenir à personne de le mettre en interdit et de gérer son bien.

On voit toute la force que puise le système du droit commun ramené aux principes, c'est-à-dire au droit de propriété. En vérité, cette démonstration suffirait seule à la discussion ;

mais pour ne rien omettre, on peut prendre une à une toutes les objections qu'on a soule-vées contre le vote de tous.

Les objections partent de deux points op-posés, de deux partis contraires; c'est une thèse pour le soutien de laquelle nous aurons à combattre quelques amis en même temps que nos adversaires.

Et d'abord, nous dira-t-on, vous reconnais-sez que parmi les censitaires à 200 fr. un quart à peine a des notions suffisantes pour s'élever aux considérations d'intérêt général qui font l'objet de leurs délibérations. Vous trouvez dans ce fait une objection contre le cens à 200 fr., et vous ne craignez pas d'appeller la multitude des contribuables à délibérer sur ce même objet ? Comme on le voit, nous ne dissimulons rien de la gravité de l'objection; mais d'abord, si nous avons fait remarquer que parmi les censitaires actuels la grande ma-jorité n'avait pas une éducation politique qui les mît à la hauteur du rôle qu'on leur don-nait, c'est moins pour leur contester leur part de droit dans l'affaire commune que pour montrer que cette condition de cens imposé comme gage de lumière, n'en était point un sûr-garant, de sorte qu'en destituant le grand nombre de leur droit propre pour en investir quelques privilégiés, on n'arrivait pas même au but qu'on s'était proposé.

Nous dirons en outre, en revenant sur ce que nous avons déjà indiqué, que le système du droit commun, qui d'abord semble moins favorable à l'influence de la capacité que les projets contraires, a néanmoins sous ce rapport et sous bien d'autres d'incontestables avantages.

En premier lieu, il fait disparaître la difficulté des catégories ; créer la ligne de démarcation qu'on aurait été obligé de tracer, eût déconsidéré la loi dès le premier abord autant par ses exclusions que par ses admissions. Dans le droit commun personne n'est exclu, la capacité la plus modeste y trouve sa place dans une hiérarchie naturelle qui s'élève jusqu'aux plus hautes lumières. Là rien n'est forcé, rien n'est limité par les entraves d'une loi positive : c'est le jeu naturel des forces sociales qui les classe suivant ses lois immuables.

Il est à remarquer que si les électeurs censitaires paraissent au-dessous de leur rôle, c'est plus parce qu'on a enflé ce rôle, qu'on l'a grandi outre mesure, que par tout autre motif. En élargissant le cercle dans lequel on les a mis en jeu, on a affaibli la force du rayon. Resserrez la circonférence, que chacun reste dans sa sphère au lieu d'appeler des électeurs sans lumière au chef-lieu d'arrondissement, pour y faire des choix aveugles entre des candidats dont ils ne peuvent apprécier les vues ; que le point de départ soit dans la commune, où chacun se connaît, où il ne s'agira pas encore de questions politiques, mais où le choix d'un mandataire pour le vote de l'impôt pourra se faire en connaissance de cause et où déjà les influences de la capacité dans ses premiers degrés se feront sentir.

Ainsi rendu à tout le monde, le droit électoral ne constituera plus dans la société une classe de privilégiés, assez peu nombreuse pour être circonvenue, pour être altérée par des inscriptions frauduleuses, et devenir l'unique objet du travail de l'administration, qui alors pourrait s'appliquer à administrer le pays, au lieu d'employer le temps à tourmenter les listes.

C'est l'élection à plusieurs degrés que nous proposons, et ici nous ne devons pas laisser sans réponse les objections dont ce mode a été l'objet. Il est reconnu par tout le monde comme une chose de toute évidence, que l'admission de tous au vote de l'impôt est matériellement impossible sans l'introduction de plusieurs degrés d'élection. Ce point reconnu, voyons ce qu'on objecte. Ici l'on s'empare d'un sentiment que l'on sait agir avec puissance sur les esprits et l'on dit : établir plusieurs degrés d'élection, c'est établir des inégalités sociales, c'est blesser ce principe d'égalité si cher à la nation et pour lequel elle a subi tant d'agitation.

Le motif est bien choisi pour surprendre les passions! mais est-il bien sincère et la moindre réflexion ne suffit-elle pas pour en démontrer toute l'hypocrisie ? Vous paraissez animé d'un sentiment si vif pour l'égalité, que vous ne voulez pas souffrir que les contribuables prennent une part différente au vote de l'impôt, que vous ne voulez pas que les uns touchent de plus près que d'autres à la disposition du bien de tous. Et c'est par ce motif que vous maintenez le monopole, c'est par ce motif que vous excluez de toute participation aux affaires du pays l'immense majorité des citoyens ; vous aimez mieux que cette immense majorité soit complètement destituée d'un droit légitime, que de voir que chaque individu n'y prenne pas une part égale? Mais cette égalité, pour laquelle vous montrez une si étrange sympathie, s'accommode-t-elle mieux d'une exclusion complète que d'une participation mesurée sur l'importance de chaque individu? Est-il juste que celui qui paie peu et qui a peu de lumières figure avec les mêmes avantages que celui qui apporte le tribut à son pays des sommes plus fortes et une capacité supérieure? Dans votre système vous ne voulez admettre que des unités de même valeur ; mais la nature ne les a point créés ainsi : pour cela il faudrait que tous les citoyens eussent exactement le même taux de fortune, de savoir, de considération.

Cet appel à l'esprit d'égalité est un mensonge de plus pour perpétuer l'injustice et l'oppression du monopole, et personne n'en saurait être dupe.

D'autres ont pensé qu'en étendant le droit électoral à l'unanimité des contribuables, on énerverait trop le système ; voyez, disent-ils , avec quelle peine, quelle difficulté, l'on fait arriver les électeurs à 200 fr. ; comme ils se montrent négligens et peu empressés à profiter des droits que la loi leur attribue? Que sera-ce lorsque vous appellerez, non plus des hommes jouissant d'une certaine aisance et intéressés à la chose publique par une position plus élevée, mais la foule ignorante et pauvre qui forme l'immense majorité !

Pour l'appréciation de cette difficulté, il est bon de reconnaître les causes qui éloignent aujourd'hui de l'exercice du droit électoral , ceux qui s'en montrent peu jaloux, et de voir

si ces mêmes causes opéreraient sur des élections dont le siége se trouverait dans chaque
commune.

Quels sont parmi les censitaires à 200 fr.
ceux qui se montrent peu empressés d'exercer
leurs droits électoraux? — Ce sont généralement les électeurs de la campagne, et parmi
eux les moins éclairés. Pourquoi montrent-ils
cet éloignement? — C'est parce qu'étant étrangers aux excitations politiques, ils craignent
de perdre leur temps et de faire des dépenses
pour un intérêt qu'ils ne comprennent pas.
Maintenant, faites un appel à ces mêmes
hommes dans leurs communes, l'obstacle né
de la perte du temps et de la dépense dispa-
raît complètement; et en éloignant le résultat
politique par les divers degrés dont nous avons
parlé, on effarouche moins ces caractères ti-
mides qui, travaillés par des influences contraires, craignent de prendre couleur. On peut
juger combien ce sentiment agit puissamment,
par toutes les précautions dont s'environne
leur craintive prudence; et, pour le dire en
passant, n'est-ce point une chose affligeante
que de voir cette lutte des influences sur des
hommes qui, investis d'une attribution si
grave, ne peuvent apporter par eux-mêmes
aucun discernement dans leur vote ! N'est-ce
point une dégradation du droit dont ils sont

investis, sans parler des moyens indignes, des pratiques honteuses qui, d'année en année, s'organisent et se perfectionnent ! N'est-il pas affligeant de penser aux fausses promesses, aux dissimulations, aux perfidies que ce régime implante dans les mœurs !

Mais revenons à l'examen de l'opinion suivant laquelle l'extension à tous du droit électoral, en affaiblirait tellement le ressort, que les assemblées seraient désertes. En montrant quels sont les motifs qui, dans l'état actuel, éloignent ou refroidissent un grand nombre d'électeurs, nous avons suffisamment répondu à l'objection ; car ces mêmes motifs n'existeraient pas dans des convocations faites au sein de la commune ; le résultat politique étant éloigné, ce ne serait plus qu'une affaire de vote sur un intérêt matériel, sur une question de centimes semblable à peu près à ce qui se passe actuellement pour les conseils municipaux. Dans la commune, ces hommes paisibles et modestes ne se trouveraient pas déclassés, isolés de leurs habitudes, de leurs connaissances. Ils pourraient voter en connaissance de cause dans ce rayon de leurs connaissances et de leurs rapports, et ces réunions ne seraient plus des arsénaux d'intrigue, des officines de corruption. Et si l'on objecte que l'intrigue trouvera sa place un peu plus loin dans notre système, et qu'elle revivra lorsqu'on sera arrivé à un degré où la question politique se dessinera mieux , nous répondrons que déjà le choix au premier degré sera une garantie plus sûre de lumière et d'indépendance que le hasard du cens à 200 francs , et que cette garantie deviendra plus forte par la séparation successive des divers degrés , par le motif que l'élément de la capacité , dégagé de l'entrave du cens , pourra agir plus efficacement.

Pour discréditer le vote universel , il en est qui ont prétendu que , pour être conséquens, il faudrait appeler aussi les femmes et les enfans ; que les écarter était un démenti donné au principe d'où nous partions ; que par ces exclusions nous rentrions dans le monopole dont seulement nous élargissions les bases.

Mais cette objection est-elle sérieuse ? N'est-ce point un moyen d'argumentation d'école plutôt qu'une discussion pratique ? Nous sommes partis du principe de la propriété , et non de la déclaration des droits de l'homme. Le droit civil prive le mineur de l'administration de son bien , il en prive aussi la femme mariée; de plus , celle-ci est incapable des fonctions civiles , autant par les mœurs que par la loi. Les droits politiques sont-ils plus précieux pour la femme et les enfans que les droits civils ? Ou bien la chose publique doit-elle être livrée avec moins de prudence et de discrétion que la chose privée ? et ceux qui sont dans une sorte d'interdiction légale pour la gestion de leurs propres affaires, doivent-ils prendre part à la gestion des affaires publiques ?

Venons à une difficulté plus sérieuse: Les hommes qui aiment à juger les théories par les résultats, faisant un retour sur l'histoire de nos cinquante dernières années si remplies de bouleversemens, de troubles, de révolutions, remarquent une concomitance significative entre ces faits et l'introduction en France du système représentatif. De là la pensée assez naturelle que ce système a été la source de tous ces maux, *mali labes ;* fatigués de tant d'agitations, ils voudraient du calme enfin ; et de là un éloignement invincible pour toutes ces inventions qu'ils appellent modernes.

D'autre part, lorsqu'ils considèrent les choix aveugles ou indignes qui sortent de l'urne populaire, ils ne peuvent prendre confiance dans le bon sens et le discernement du peuple.

Le pouvoir le plus absolu, disent-ils, se respecterait mieux dans ses choix que ne savent le faire les assemblées ; à voir les alarmes, les secousses, les vicissitudes qui naissent de ce mode pour arriver à des choix sans dignité, sans vérité, sans convenance, pour voir la représentation nationale mettre en oubli les intérêts du contribuable qui sont foulés et méconnus; pour rendre notre indépendance nationale au moins équivoque; pour la voir descendre, cette représentation, à une nullité humiliante, ce n'est point la peine, pour de tels résultats, de vivre continuellement dans l'agitation. En un mot, ce sont les inconvéniens du système et ses mauvais résultats qui les éloignent; c'est surtout l'observation des désordres apportés par le peuple dans ses propres affaires, lorsqu'on l'appelle à délibérer sur elles.

L'on ne nous accusera pas de déguiser les objections; c'est que nous avons la confiance de pouvoir les résoudre.

Vous n'êtes pas contens du présent, mais l'avenir vous inquiète, et l'appel du peuple ne vous inspire aucune confiance; voilà le résumé : c'est une plainte contre ce qui est, et une défiance contre l'avenir.

Trois alternatives cependant sont seules possibles : 1° rester dans le *statu quo*; 2° supprimer le système représentatif; 3° le modifier. C'est un cercle qui renferme toutes les issues et hors duquel il n'est pas possible de s'échapper.

Vous vous défiez de l'avenir; mais le présent vous inspire-t-il une confiance de stabilité telle que vous puissiez, en vous laissant aller à lui, vous endormir avec sécurité ? S'il en était ainsi, peut-être penserions-nous comme vous; car nous trouvons que c'est bien assez de révolutions, assez de bouleversemens. Mais c'est précisément parce que personne n'a de la confiance, parce que le jeu de la machine est enrayé et ne peut plus fonctionner ; c'est parce que tous ces désordres naissent du système actuel; que l'on nous propose de recourir à un changement. Nous avons exposé plus haut les causes qui sollicitent une modification : elles sont telles et le jeu des majorités est réduit à de telles proportions, qu'on peut dire hautement qu'on n'est plus libre de laisser aller les choses, qu'on n'est plus libre du *statu quo*, puisqu'elles ne peuvent plus aller, puisqu'elles s'arrêtent forcément par leur division en forces égales.

Qu'on se préoccupe peu d'un avenir encore éloigné, c'est une imprévoyance qui favorise la paresse naturelle et qui trouve bien de la faveur dans certains esprits; mais lorsqu'on touche la crise du doigt, lorsqu'on se heurte contre le danger, il n'est plus possible de dire, à moins de folie : laissons aller.

Il est impossible de ne pas sentir tout le danger d'une pareille situation ; il est impossible de ne pas comprendre qu'elle prête le flanc à toutes les entreprises violentes de l'émeute, au poignard des conspirateurs, et qu'elle met en jeu toutes les mauvaises passions.

C'est donc dans l'intérêt de cet avenir qui vous inquiète et qui vous immobilise, qu'il devient nécessaire de marcher; vous avez vu naguère encore, après neuf ans d'efforts, le gouvernement mis en péril sur la place publique; vous avez entendu les révélations effrayantes de la magistrature sur les trames ourdies sourdement contre la société ; de toutes les issues possibles à l'état de choses , de tout ce qui peut menacer cet avenir dont vous êtes inquiets, rien n'est plus terrible, rien ne serait plus désolant qu'un dénouement de ce genre. C'est le monopole qui met en jeu ces fermens : donnez une libre carrière aux ambitions dans le droit commun , et vous arrêterez le mal.

Il n'est donc pas possible d'attendre dans un imprévoyant quiétisme qu'un funeste hasard s'empare de nos destinées ; la question de réforme s'est saisie de l'esprit public par un de ces mouvemens instinctifs qui révèlent la voie du salut ; il faut la suivre cette voie, c'est le seule qui nous soit ouverte.

Nous nous sommes trouvés enfermés dans trois alternatives ; ce n'est que parce qu'il faut les épuiser toutes que nous ferons mémoire de la deuxième. Chacun l'a déjà reconnue impraticable et nuisible. Ce n'est pas que le nombre des partisans du pouvoir actuel, autrefois coriphées de libéralisme, grands admirateurs de la maxime *Le roi regne et ne gouverne pas*, grands contempteurs de la prérogative royale, etc., etc., lorsque ce roi était Charles X, ne fussent disposés à briser ce qu'ils ont adoré, et que leur enthousiasme pour ce qui entravait alors le pouvoir ne se soit changé en une hostilité réelle ; mais, honteux dans leur apostasie, ils n'osent la produire que comme des murmures, et ce n'est que dans des élans de mauvaise humeur qu'ils trahissent leurs pensées et leurs vœux clandestins ; comme ce n'est pas par de nobles considérations de bien public, de patrie et de liberté qu'ils se déchaînaient autrefois contre le pouvoir, mais par de mesquins intérêts d'amour-propre et de vanité, leur langage a bien changé d'expression : ce n'est point à eux que nous pouvons nous associer ; s'il est dans d'autres rangs quelques hommes dont les traditions s'accordent peu avec les principes que nous émettons, hommes d'une éducation politique qui remonte à une époque plus éloignée de nous, et dont

la fidélité et le respect pour cette époque est
d'ailleurs digne d'honneur et de tous égards ,
nous nous justifierons près d'eux par les
enseignemens de l'histoire. Le règne le plus
glorieux et le plus brillant des temps modernes,
celui de Louis XIV, mit en oubli ces droits de
propriété et de libre consentement d'impôt
dont nous parlons. Le prestige dont cette usur-
pation fut couverte protégea le règne suivant;
mais le ressort, trop long-temps comprimé ,
réagit bientôt avec une violence qui boule-
versa l'Europe, et un siècle ne s'était pas encore écoulé, que, pour rentrer dans ses droits,
la nation, emportée au-delà de toute mesure,
violait ceux de la royauté avec une fureur
aveugle. Si les Etats, régulièrement assemblés
pendant cette longue lacune , eussent fait entendre leur voix et , marchant avec le siècle ,
en eussent introduit les progrès par une pro-
gression insensible, n'aurait-on pas ainsi pré-
venu l'explosion terrible qui termina cette
suspension de l'ancienne constitution fran-
çaise ? Trop de haines, trop de passions violentes s'attachent au pouvoir, pour qu'il soit
sage, pour qu'il soit prudent d'isoler complètement son action de celle des masses. Mais un
motif plus péremptoire encore est pris du fonds
du droit : l'état social exige de chacun le sacrifice d'une part annuelle de son revenu ; mais

cette part ne peut être laissée à la libre appréciation de celui qui l'administre et qui la dépense, moins peut-être par l'abus qu'il en ferait que par les récriminations , les accusations
et les haines dont cet emploi deviendrait l'occasion. Il ne faut pas d'ailleurs que les maux
présens nous préoccupent au point de nous
faire perdre de vue à quels excès un pouvoir
sans limite et sans frein dans ses dépenses
pourrait s'égarer. Les courtisans sont de mauvais conseillers en cette matière, et d'ailleurs
qui pourrait aujourd'hui prendre en main une
telle entreprise? L'imprudent qui le tenterait
exciterait plus la pitié que le courroux.

Nous sommes ramenés forcément à la troi-
sième alternative , qui est la réforme. Le droit
commun , l'appel *de tous* au libre consentement de l'impôt, parce que l'impôt est payé
par tous, les motifs qui vous éloignent de ce
mode appartiennent et dérivent tous du monopole. Vous vous plaignez du peu de discernement que montre le peuple dans ses choix ;
pour montrer que c'est-là l'œuvre du monopole, qui de sa nature est étroit et mesquin,
comparez ce qui sortit de l'urne populaire en
89, avec ce qu'a produit le monopole de 1830!
Alors toutes les lumières , toutes les illustrations de la France se levèrent ; jamais assemblée ne réunit plus de talens et peut-être plus

de patriotisme. Si l'on demandait aujourd'hu
aux élus du juste-milieu de sacrifier une partie
notable de leur fortune, comme dans cette
nuit mémorable, où l'on vit un des ordres
immoler à la patrie des droits qui faisaient son
plus beau patrimoine, croit-on que cet élan
serait compris ? L'on opposera peut-être à ce
résultat du scrutin populaire que plus tard ce
mode enfanta la Convention ; mais l'on n'ignore
pas que les élections se firent sous l'empire de
la terreur ; que la loi proclamait en vain l'appel
de la généralité des citoyens, et que l'empire
des circonstances en éloigna le plus grand
nombre. En invoquant les souvenirs de l'assemblée nationale, nous n'avons ici pour but
que ce qui touche la question de l'équité ;
mais si par l'exemple que nous invoquons l'on
ne veut pas se tenir pour convaincu, n'est-
il pas facile de montrer que le mérite et le talent sont indépendans des conditions du cens
d'éligibilité ; que renfermer le droit électoral
dans un cercle qui comprend à peine deux
cents mille individus et le droit d'éligibilité dans
à peine quelques milliers, c'est diminuer les
chances des choix honorables dans une pro-
portion sans mesure? Il faut donc reconnaître
que la réforme est précisément le remède à
l'inconvénient signalé.

Mais ce n'est pas tout que d'assurer la préé-

minence du talent : il est un besoin général
de repos, de tranquillité qui s'effraie de la
turbulence bien plus quelle ne s'inquiète d'assurer le choix des illustrations ; s'il a suffi,
disent-ils, jusqu'à présent, pour entretenir un
état de malaise et de trouble constant dans le
sein de la société, d'appeler les censitaires,
l'idée d'un plus grand trouble s'attache aussi
à l'idée de convocations plus nombreuses.

Et d'abord, est-ce seulement par suite
de l'appel des censitaires au vote de l'impôt
d'hommes et d'argent que nous devons toutes
nos agitations passées ? N'y a-t-il pas d'autres
élémens de désordre auxquels il faut les attribuer ? c'est ce qu'il importe d'examiner. Nous
verrons ensuite si ce n'est pas dans la restriction du nombre des appelés, plutôt que dans
son extention, que se trouvent quelques-unes
de ces causes de perturbation.

Il est démontré que le droit de voter l'impôt tient de la nature du droit de propriété.
Comment pourrait-il se faire que l'exercice
d'une faculté qui tient de la sorte aux entrail-
les de l'ordre social, fût un élement de trouble? Cela paraîtrait difficile à comprendre;
examinons donc s'il n'est pas dans le système
constitutionnel d'autres causes de perturbation, causes tellement graves qu'elles seules
doivent en porter toute la responsabilité.

Le principe fondamental de ce système est la division du pouvoir. Ce mot de *division* peut à lui seul nous mettre sur la voie de nos recherches ; il y a quelquefois dans le langage une puissante logique.

Dans les choses les plus simples de la vie usuelle et lorsqu'il s'agit du concours de plusieurs à une même action, chacun proclame l'utilité, la nécessité d'un pouvoir sans division (et ici nous devons nous empresser de dire que l'unité du pouvoir est une chose toute différente du pouvoir absolu). Dans la famille, on considère comme un malheur d'être privé de l'autorité unique du chef. Dans toute entreprise militaire, commerciale, industrielle, le succès tient presque toujours à l'unité d'action ; comment se pourrait-il qu'au rebours de tout ce qu'on reconnaît dans la nature des choses ordinaires, l'ordre gouvernemental tînt à un principe diamétralement opposé et qu'il dût se fonder sur la division du pouvoir ? La division doit nécessairement engendrer des luttes, les luttes sont le désordre. Pourquoi chercher une autre cause aux maux dont vous vous plaignez ? Celle que nous signalons est assez frappante.

Notre projet n'est point ici d'approfondir cet examen : il demanderait des développemens qui ne doivent pas trouver leur place dans ce rapide travail. Nous devons nous borner à montrer que le suffrage universel ne saurait être seul responsable des agitations du siècle , et qu'il est dans l'ordre *constitutionnel* d'autres causes bien mieux indiquées que celle-là.

Mais , dira-t-on peut-être , le vote de l'impôt est bien une division du pouvoir : nous nous sommes empressés de dire que l'unité du pouvoir n'était point l'absolutisme de ce pouvoir, et la preuve s'en trouve ici. Dans notre système , les bornes de toute autorité s'arrêtent à la propriété et à la liberté de chaque individu. Voilà pourquoi le consentement de tous est nécessaire pour le vote de l'impôt en hommes et en argent. Ceci est une sorte de contrat entre l'autorité souveraine et les citoyens, contrat de la même nature que les autres, et dont le consentement est la base ; et ce n'est point là le contrat fictif, imaginaire, qui, dans certains systèmes , a constitué le pouvoir : c'est un contrat réel et positif qui n'est point un partage de la souveraineté , mais qui laisse chacun dans ses droits et dans ses limites.

Le concours de tous les contribuables offre l'image d'une grande confusion , d'un grand tumulte , et c'est là un motif d'alarme pour plusieurs : nous leur dirons, et chacun reconnaîtra sans doute qu'il s'agit bien ici plus d'une confusion matérielle que d'un désordre moral, que l'un a bien moins d'inconvéniens que l'autre. Méconnaître les droits de chaque individu est un désordre bien autrement déplorable que de voir des réunions un peu tumultueuses.

D'ailleurs, cette confusion pourrait être prévue par de sages mesures, par des réglemens qui grouperaient les contribuables par sections ; et autant la chose serait matériellement difficile, pour ne pas dire impossible, s'il n'existait pas divers degrés d'élection, autant il serait aisé de la bien ordonner dans les communes ; et ceci est encore à l'appui du système à plusieurs degrés.

Nous terminerons ces observations par quelques considérations adressées à ceux qui veulent voir dans l'appel de tous les contribuables une sanction , une reconnaissance du principe de souveraineté du peuple.

Le mode d'élection par l'appel de tous les contribuables est celui qui donne l'expression la plus exacte de la volonté du peuple. Mais de ce qu'on ne veut pas que des coteries, qu'un monopole usurpe le rôle du peuple, qu'il parle en son nom , qu'il s'arme de toute la force qu'on peut en emprunter, il ne s'en-

suit nullement qu'on reconnaisse sa souveraineté. Nous voulons une expression sincère du
vœu du peuple, c'est-à-dire de l'ensemble des
citoyens, certains que ce vœu serait la meil-
leure réponse à ceux qui veulent le faire souverain, en se réservant d'exercer pour lui cette
souveraineté.

La royauté n'est point, d'ailleurs, un pouvoir qui s'isole du peuple; elle ne peut agir di-
rectement dans les détails de son autorité, et,
obligée de se déléguer, elle cherche les moyens
les plus sages pour assurer le bien général. On
voit clairement que nous ne faisons pas partir
le mouvement du peuple : nous ne procédons
pas de bas en haut, mais nous faisons organi-
ser l'élection par l'autorité royale. Il n'y a donc
là aucune reconnaissance de la souveraineté du
peuple. Qu'à cette occasion il nous soit permis
d'ajouter un mot sur ce sujet que les haines et
les passions des partis tendent sans cesse à obs-
curcir. Pour quelques-uns, la légitimité est un
principe impie et sacrilége, destructif de l'idée
de patrie qui livre les peuples, gens et biens,
aux rois comme un vil bétail, pour servir à
leurs plaisirs et volontés.

Mais pour peu que la vérité touche le cœur
d'un homme, ne s'arrêtera-t-il pas devant l'o-
dieux de ces accusations ? Quel est celui qui

se résoudrait, on ne dit pas à s'affectionner à de telles doctrines, mais seulement à les subir? Non, le principe de succession au trône n'est point tel que ses adversaires s'obstinent à le définir, malgré mille déclarations et mille explications contraires. Les droits de la souveraineté monarchique sont réglés et bornés par les droits de propriété et de liberté de chaque individu ; nulle part on ne trouvera de déclaration de principes contraire à celle-là ; et en prêtant à une opinion des doctrines en opposition à celles qu'elle professe hautement, on reconnaît son impuissance à les combattre telles qu'elles sont. En théorie, les droits de souveraineté sont limités et reconnus ; il ne s'agit donc de part et d'autre que du choix des garanties qui assurent le mieux le respect dû à ces droits. Est-ce à la légitimité, est-ce à la souveraineté du peuple à trouver un pouvoir assez fort pour protéger, et qui soit dans l'impossibilité *absolue* de nuire ? Disons d'abord, en passant, qu'un pouvoir mis dans l'impossibilité absolue de nuire est une chimère que le plus simple bon sens suffit pour dissiper. Pour borner ce pouvoir, les uns veulent que le peuple ait toujours le droit de le changer ; d'autres pensent que la reconnaissance de cette faculté entraînerait plus d'inconvéniens qu'elle n'apporterait d'avantages ; et dès lors ils posent en principe qu'en aucun cas on ne peut changer l'ordre de succession.

Ce n'est pas pour qu'une famille puisse librement user et abuser de tout un peuple , qu'on consacre en elle le droit de régner par ordre de succession ; c'est pour ne pas livrer ce peuple à des vicissitudes et à des entreprises qui seraient pour lui beaucoup plus funestes que les abus auxquels on voudrait ainsi remédier ; c'est donc toujours l'intérêt du peuple qui est le mobile et la base du système ; c'est ce que Bossuet formulait dans ses enseignemens aux rois , lorsqu'il leur disait avec l'autorité de sa puissante parole : « Ce n'est » pas pour les rois que sont faits les peuples , » mais c'est pour les peuples que sont faits » les rois. » Ce n'est point isolément mais par comparaison des deux principes de souveraineté du peuple et de légitimité qu'il faut procéder à leur examen.

Pour limiter le pouvoir souverain et l'empêcher de sortir de ses bornes, qui sont la propriété et la liberté de chaque individu , vous attribuez au peuple le droit de déposséder les rois ; mais sans faire la part de toutes les difficultés qui environneront la libre expression de cette volonté populaire, sans parler de toutes les entreprises ambitieuses auxquelles vous faites brèche, serait-il plus aisé de limiter le pouvoir ainsi constitué ? Et si les dépositaires de ce pouvoir veulent en abuser, ne seront-ils pas plus puissans en prétextant de la volonté du peuple, que ne le serait un prince héréditaire, qui porte à lui seul la responsabilité de ses actes, et qui resterait seul pour se couvrir contre la réprobation publique? Aussi il est facile de reconnaître que jamais le pouvoir souverain n'a si fortement grévé les sujets que depuis qu'on a posé son principe dans le peuple. Les armées immenses, les budgets par milliards, sont les fruits de ce système. Jamais le pouvoir monarchique héréditaire, même aux mains d'un Louis XIV, n'aurait pu arriver à ce degré d'oppression.

Si le pouvoir souverain appartenait au pays légitimement, c'est-à-dire par les lois de la Providence, l'exercice de ce droit se montrerait à l'origine des sociétés, il faudrait le retrouver *à priori*, tandis que ces prétentions, élevées au nom du peuple, le sont toujours dans une société déjà constituée. Si c'était un droit légitime, il s'exercerait par un mode constant et régulier, pareil à celui de succession, qui est dans les voies de la nature, au lieu de se produire par l'émeute, qui est un désordre.

Mais il n'est point dans notre sujet de traiter

de cette matière ; si nous l'avons abordée c'est
pour protester une fois de plus contre les im-
putations calomnieuses dont l'hérédité du pouvoir est encore le sujet.

Rentrons en finissant dans l'objet de cet
examen ; les idées de réforme préoccupent
l'esprit public. Les résistances seront vaincues
dans un temps plus ou moins long ; deux systèmes resteront en présence : l'adjonction des
capacités et l'appel de tous. L'adjonction des
capacités resterait arbitraire et incomplète ,
même en adoptant le savoir comme la mesure
du droit électoral.

L'appel de tous par divers degrès réintègre
chacun dans un droit naturel et légitime ,
ouvre un cours à toutes les ambitions hon-
nêtes , laisse à la capacité toute son extension
et toute son influence. Adopter le projet que
nous combattons serait faire moins bien pour
la capacité en faisant plus mal pour tout le
monde.

www.ingramcontent.com/pod-product-compliance
Lightning Source LLC
Chambersburg PA
CBHW051625060726
47597CB00004B/1435